AF186886

Impressum
Verlag: BABADADA GmbH, Nedderfeld 112 , 22529 Hamburg
Geschäftsführer / Verlagsleitung: Harald Hof
Druck: Books on Demand GmbH, In de Tarpen 42, 22848 Norderstedt

Imprint
Publisher: BABADADA GmbH, Nedderfeld 112 , 22529 Hamburg, Germany
Managing Director / Publishing direction: Harald Hof
Print: Books on Demand GmbH, In de Tarpen 42, 22848 Norderstedt

dibistan

l'école

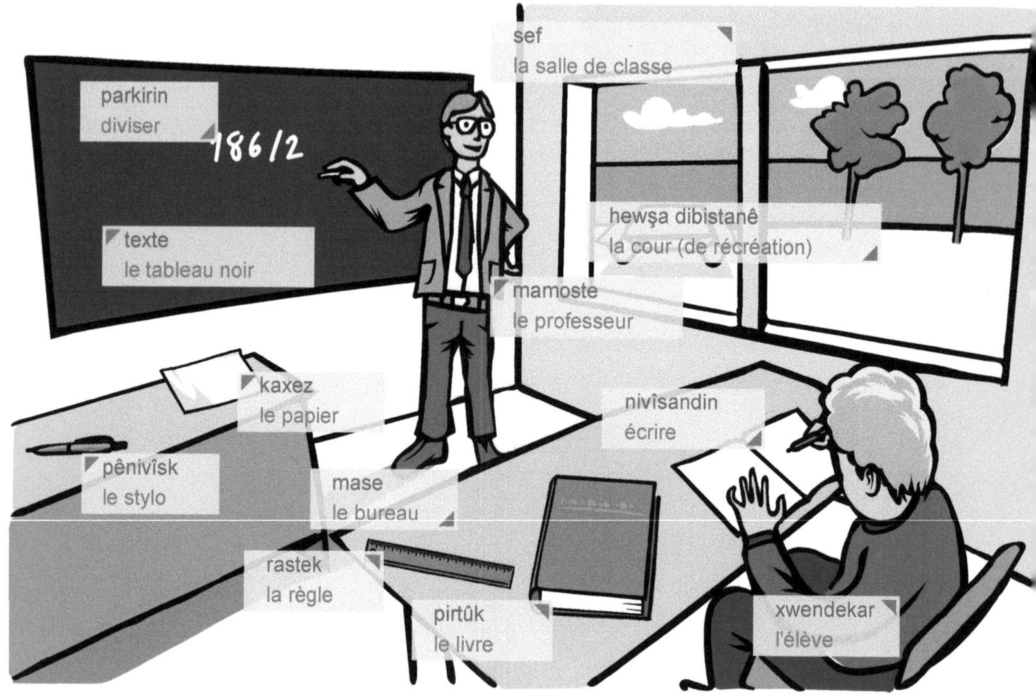

sef
la salle de classe
parkirin
diviser
186/2
texte
le tableau noir
hewşa dibistanê
la cour (de récréation)
mamoste
le professeur
kaxez
le papier
nivîsandin
écrire
pênivîsk
le stylo
mase
le bureau
rastek
la règle
pirtûk
le livre
xwendekar
l'élève

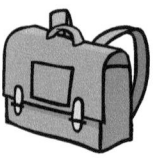

çewal
le cartable

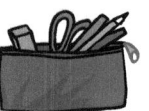

qûtî nivîstok
la trousse

qelemrisas
le crayon

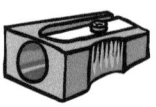

nivîstok tûjkir
le taille-crayon

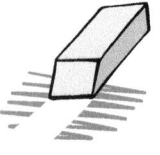

jêbir
la gomme

nivîska nîgarê
le carnet à dessin

nîgar

le dessin

firçeya rengê

le pinceau

qûtî reng

la boîte de peinture

meqes

les ciseaux

lezaq

la colle

pirtûka fêrbûn

le cahier d'exercices

wezîfa malê

les devoirs

hejmar

le chiffre

zêdekirin

additionner

derxistin

soustraire

zêdekirin

multiplier

hesibandin

calculer

tîp

la lettre

alfabe

l'alphabet

peyv

le mot

nivîsê

le texte

xwandin

lire

geç

la craie

ders

la leçon

qeydkirin

le livre de classe

îmtîhan

l'examen

şehade

le certificat

kinca dibistanê

l'uniforme scolaire

perwerdehî

la formation

zanistname

le lexique

zanîngeh

l'université

mîkroskûp

le microscope

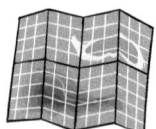

xerîte

la carte

sepeta kaxezê

la corbeille à papier

rêwêtî

le voyage

mêvanxane
l'hôtel
Grand
mêvanxane
l'auberge
ROOMS
ofîsa pere veguhartinê
le bureau de change
CHANGE
cente
la valise
maşîn
la voiture

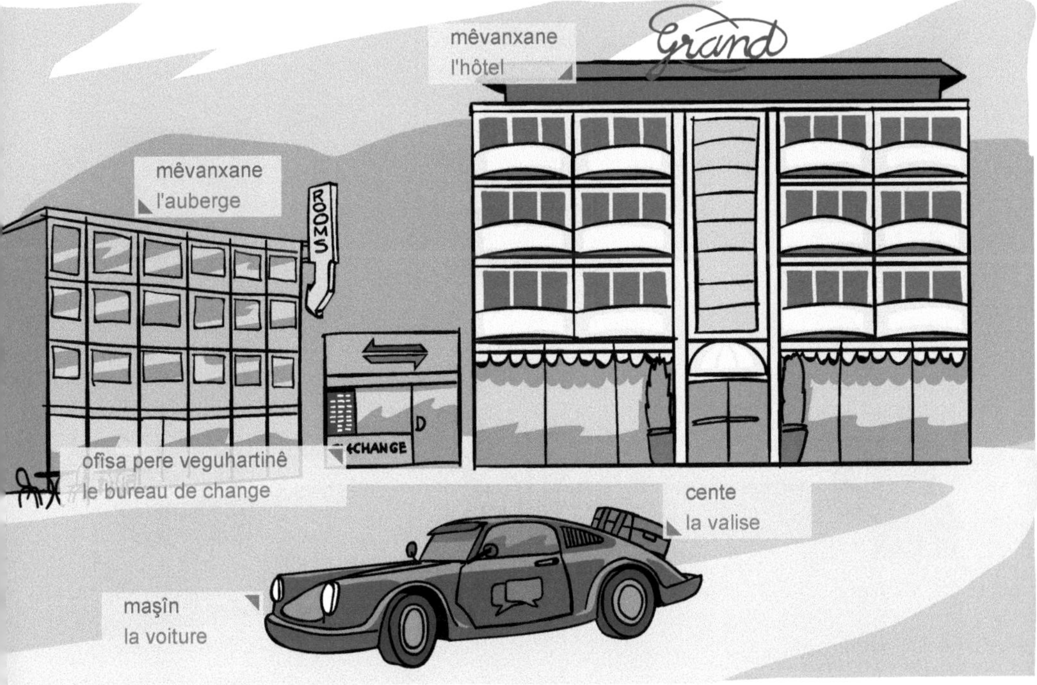

ziman

la langue

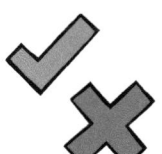

belê / na

oui / non

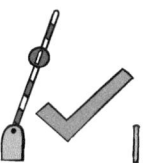

baş

d'accord

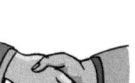

silav

Salut

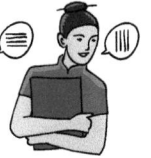

wergêra nivîskî

l'interprète

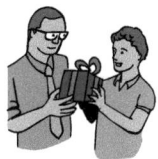

sipas

merci

bihayê ... çi qase?

Combien coûte...?

ez fam nakim

Je ne comprends pas

pirsgirêk

le problème

êvarbaş!

Bonsoir !

beyanî baş!

Bonjour !

şev baş!

Bonne nuit !

xatirê te

Au revoir

alî

la direction

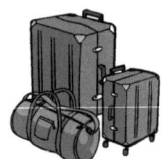

hûrmûr

les bagages

çente

le sac

çente pişt

le sac-à-dos

mêvan

l'hôte

ode

la pièce

came xew

le sac de couchage

çadir

la tente

agagiyên gerokan

l'office de tourisme

rexê avê

la plage

kartê qerzê

la carte de crédit

taştê

le petit-déjeuner

firavîn

le déjeuner

şîv

le dîner

kart

le billet

asansor

l'ascenseur

pûl

le timbre

tixûb

la frontière

gumirk

la douane

balyozxane

l'ambassade

vîza

le visa

pasaport

le passeport

guhaztin

le transport

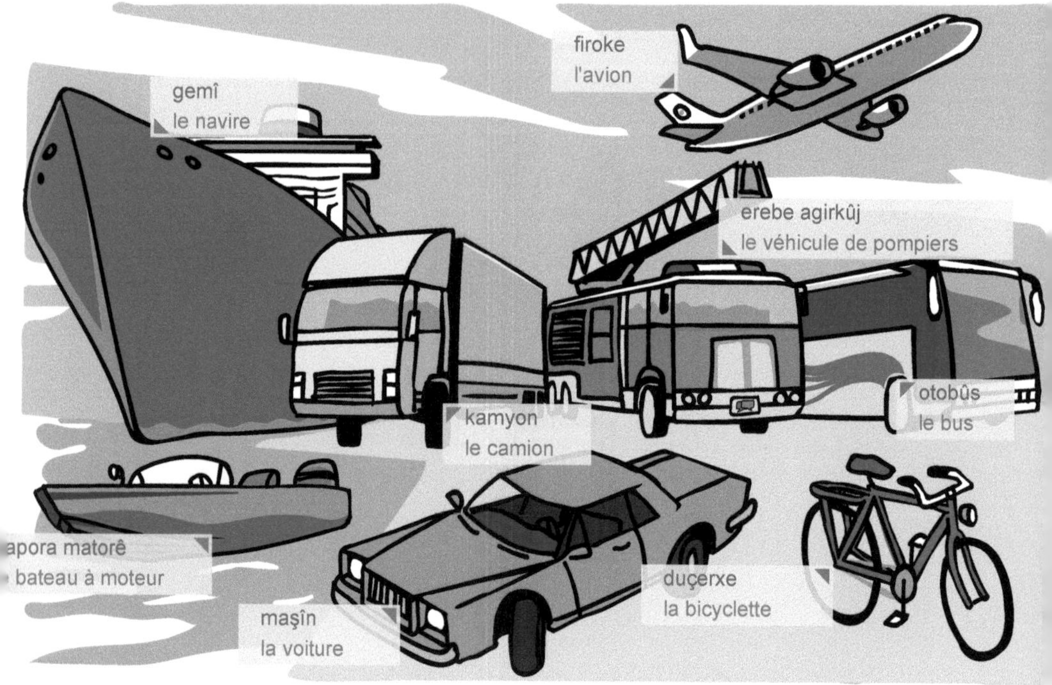
firoke
l'avion
gemî
le navire
erebe agirkûj
le véhicule de pompiers
otobûs
le bus
kamyon
le camion
apora matorê
bateau à moteur
duçerxe
la bicyclette
maşîn
la voiture

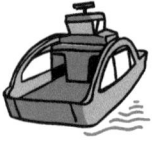

papor

le ferry

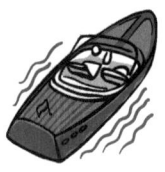

papor

la barque

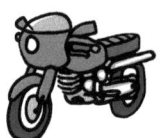

motorsîklêt

la moto

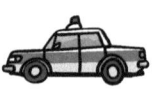

trimbêla polîsê

la voiture de police

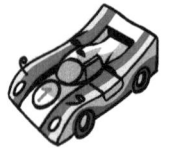

trimbêla pêşbaziyê

la voiture de course

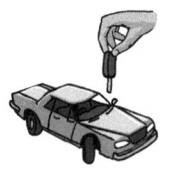

erebe kirêkirinê

la voiture de location

maşîn pervekirin

l'auto-partage

kamyona kişandinê

la voiture de remorquage

kamyona xwelî

la benne à ordures

motorsîklêt

le moteur

mazot

l'essence

îstegeha benzînê

la station d'essence

tabloya tirafîkê

le panneau indicateur

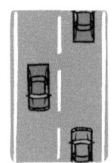

hatinûçûn

le trafic

tirafîk

l'embouteillage

cihê parkê

le parking

rawesteka trênê

la gare

rêç

les rails

trên

le train

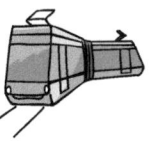

trênê kolanê

le tramway

erebe

le wagon

babirok

l'hélicoptère

balafirgeh

l'aéroport

birc

la tour

misafir

le passager

qûtî

le conteneur

qûtî

le carton

girgirok

le chariot

selik

la corbeille

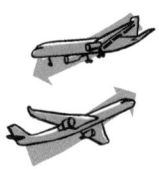

rabûn / nîştin

décoller / atterrir

bajar

la ville

gund

le village

navenda bajarê

le centre-ville

xanî

la maison

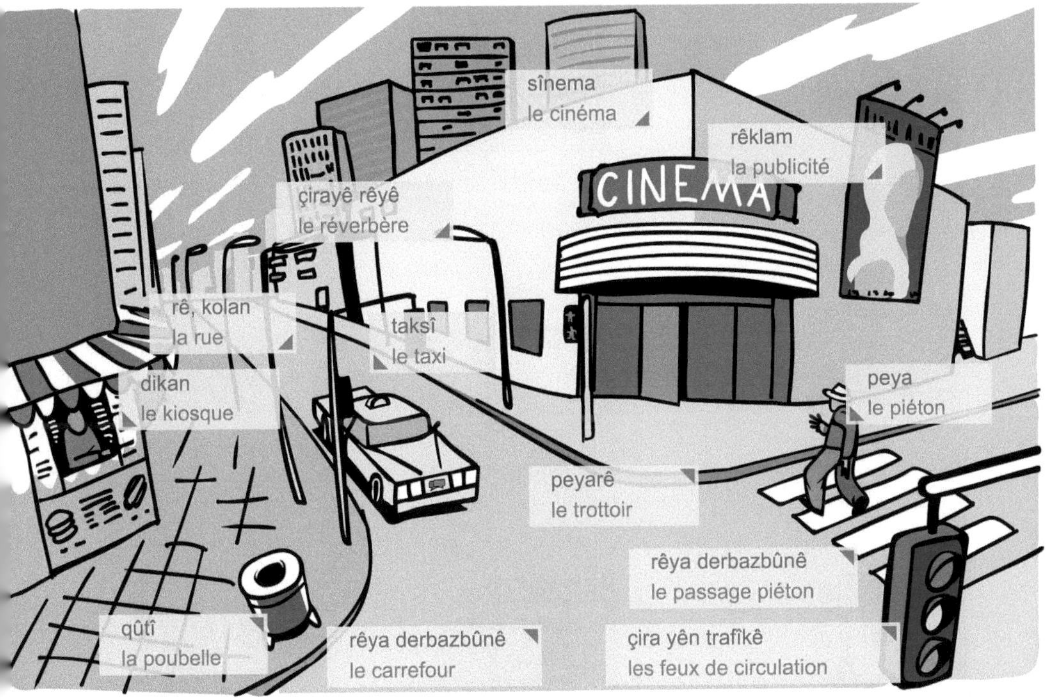

CINEMA
sînema
le cinéma
rêklam
la publicité
çirayê rêyê
le réverbère
rê, kolan
la rue
taksî
le taxi
dikan
le kiosque
peya
le piéton
peyarê
le trottoir
rêya derbazbûnê
le passage piéton
qûtî
la poubelle
rêya derbazbûnê
le carrefour
çira yên trafîkê
les feux de circulation

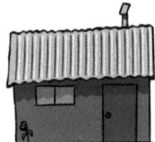

kox

la cabane

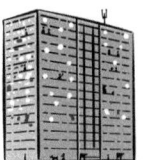

xanî

l'appartement

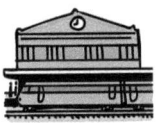

rawesteka trênê

la gare

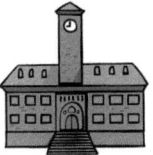

telara şarevanî

la mairie

MUSEUM

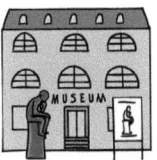

mûzexane

le musée

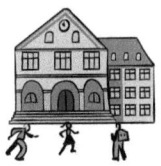

dibistan

l'école

zanîngeh

l'université

bank

la banque

nexweşxane

l'hôpital

mêvanxane

l'hôtel

dermanxane

la pharmacie

ofîs

le bureau

kitêbfiroşî

la librairie

dikan

le magasin

gulfiroş

le fleuriste

bazar

le supermarché

bazar

le marché

supermarket

le grand magasin

masîfiroş

la poissonnerie

navenda kirrîn

le centre commercial

bender

le port

park
le parc

sekû
la banque

pir
le pont

derince
les escaliers

jêr erdê
le métro

tunnel
le tunnel

îstgeha otobûs
l'arrêt de bus

bar
le bar

xwaringeh
le restaurant

sindûqa postê
la boîte à lettres

nîşanderka rêyê
le panneau indicateur

metra parkîngê
le parcmètre

baxça heywanan
le zoo

hewza melevanî
le réverbère

mizgeft
la mosquée

cotgeh

la ferme

lewitandina derdor

la pollution

goristan

la cimetière

kenîse

l'église

erdê leyistinê

l'aire de jeux

perestgeh

le temple

tebîet

le paysage

gela
la feuille

nîşanderka rê
le panneau indicateur

rê
le chemin

mêrg
le pré

kevir
la pierre

gerok
le randonneur

dar
l'arbre

çem
la rivière

giya
l'herbe

kulîlk
la fleur

dol
la vallée

gir
la montagne

gol
le lac

daristan
la forêt

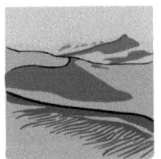

beyaban
le désert

volkan
le volcan

keleh
le château

keskesor
l'arc-en-ciel

kivark
le champignon

darqesp
le palmier

mixmixk
le moustique

mêş
la mouche

mêrî
les fourmis

hing
l'abeille

pîrê
l'araignée

kêzik

le coléoptère

beq

la grenouille

sihor

l'écureuil

jîjok

le hérisson

kerguh

le lièvre

pepûk

la chouette

çivîk

l'oiseau

qû

le cygne

berazê kovî

le sanglier

pezkovî

le cerf

pezkovî

l'élan

bendav

le barrage

tûrbîna ba

l'éolienne

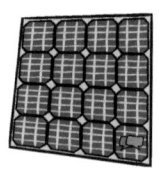

panela xorê

le panneau solaire

av û hewa

le climat

xwaringeh
le restaurant

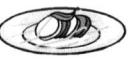

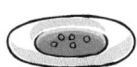

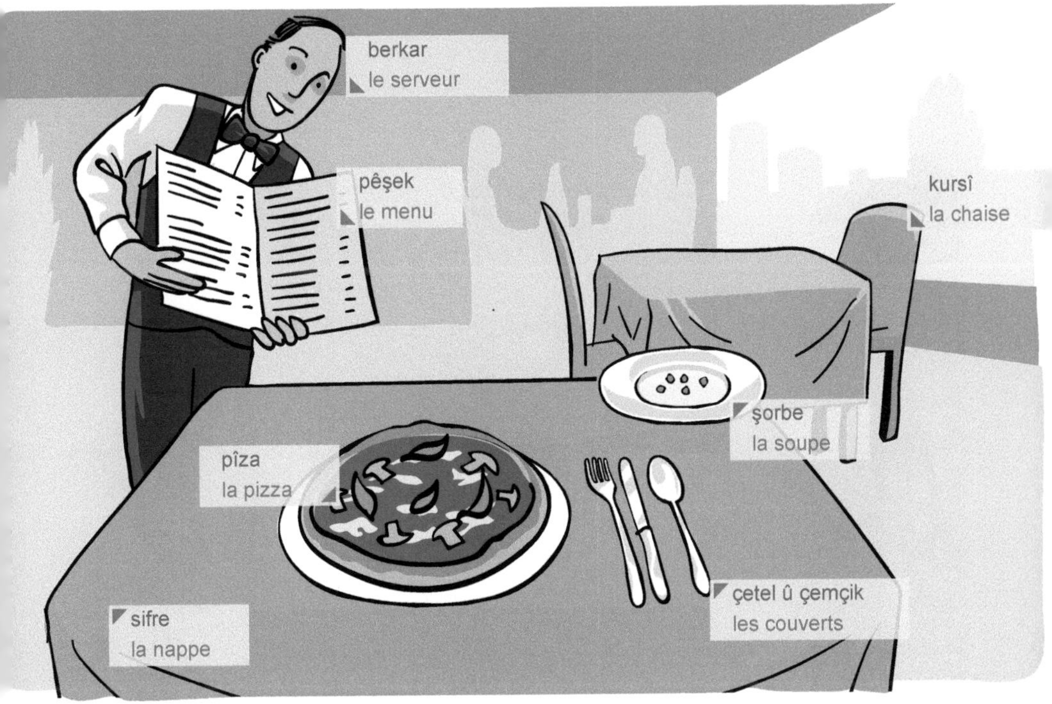
berkar
le serveur
pêşek
le menu
kursî
la chaise
şorbe
la soupe
pîza
la pizza
çetel û çemçik
les couverts
sifre
la nappe

xwarina destpêk

les hors d'œuvre

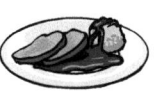

xwarina serekî

le plat principal

şêranî

le dessert

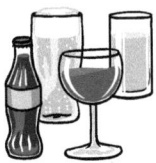

vexwarinan

les boissons

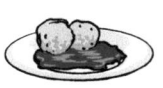

xwarin

l'alimentation

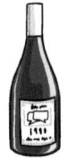

cam

la bouteille

xwarina lez

le fast-food

xwarina rêyê

les plats à emporter

çaydanik

la théière

qûtî şekirê

le sucrier

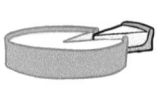

beş

la portion

mekîna çêkirinê espresso

la machine à expresso

kursiya bilînd

la chaise haute

hesab

la facture

sênî

le plateau

kêr

le couteau

çetel

la fourchette

kevçî

la cuillère

kevçiya çay

la cuillère à thé

pêşgir

la serviette

qedeh

le verre

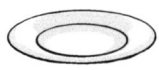

teyfik

l'assiette

teyfika şorbe

l'assiette à soupe

piyale

la soucoupe

çênc

la sauce

xwêdank

la salière

qûtî bîbar

le moulin à poivre

sêk

le vinaigre

rûn

l'huile

biharat

les épices

ketçap

le ketchup

mustard

la moutarde

mayonêz

la mayonnaise

bazar

le supermarché

pêşkêşên taybet
l'offre promotionnelle
FOR
mişterî
le client
şîremenî
les produits laitiers
fêkî
les fruits
erebe
le chariot

BUTCHERS

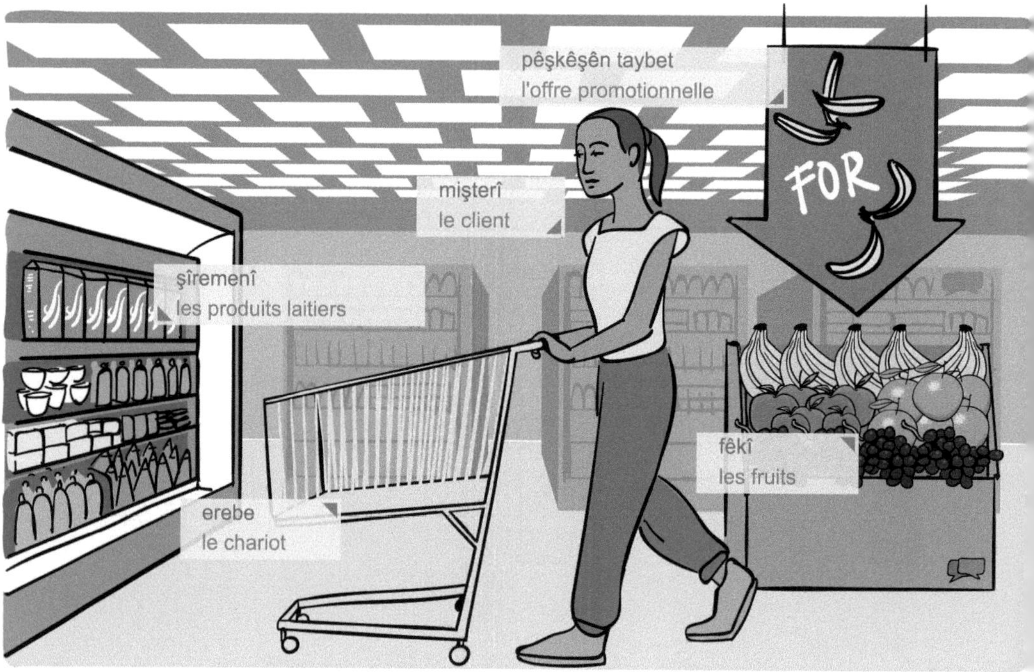

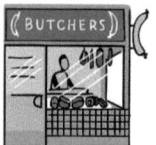

qesabî

la boucherie

BAKERY

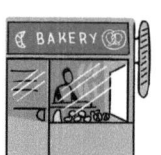

dikana nanpêj

la boulangerie

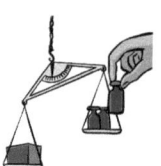

wezin kirin

peser

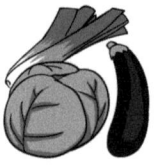

sebze

les légumes

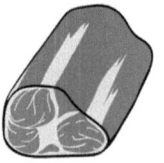

goşt

la viande

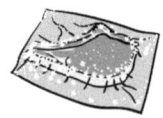

xwarinê cemedî

les aliments surgelés

goştê sar

la charcuterie

xwarina pîlê

les conserves

xubarê paqijkirinê

la poudre à lessive

şirînî

les bonbons

berhemên navxweyî

les articles ménagers

berhemên paqijkirinê

les détergents

firoşyar

la vendeuse

xeznok

la caisse

diravgir

le caissier

lîsta kirrînê

la liste d'achats

demên vekirî

les heures d'ouverture

cizdan

le portefeuille

kartê qerzê

la carte de crédit

çewal

le sac

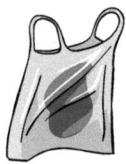

çente

le sac en plastique

av
l'eau

şerbet
le jus de fruit

şîr
le lait

komir
le coca

şerab
le vin

bîra
la bière

alkol
l'alcool

kakwo
le chocolat chaud

çay
le thé

qehwe
le café

espresso
l'expresso

kapoçîno
le cappuccino

moz

la banane

sêv

la pomme

pirteqalî

l'orange

gundor

le melon

lîmon

le citron.

gêzer

la carotte

sîr

l'ail

qamir

le bambou

pîvaz

l'oignon

qarçik

le champignon

gewîz

les noisettes

şihîre

les pâtes

spagêttî

les spaghetti

birinc

le riz

selete

la salade

çîps

les pommes frites

peteteya biraştî

les pommes de terre rôties

pîza

la pizza

hamburger

le hamburger

nanok

le sandwich

goştê stûyê berxî

l'escalope

goştê hişkkirî

le jambon

salamê

le salami

sosîs

la saucisse

mirîşk

le poulet

bijartin

le rôti

masî

le poisson

şorbe bilûl

les flocons d'avoine

mûslî

le muesli

kertên gilgilan

les cornflakes

ard

la farine

croissant

le croissant

semûn

les petits-pains

nan

le pain

tost

le pain grillé

nanik

les biscuits

nivîşk

le beurre

mast

le fromage blanc

kulîçe

le gâteau

hêk

l'œuf

hêka qelandî

l'œuf au plat

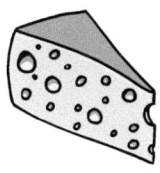

penîr

le fromage

dondirme
la glace

şekir
le sucre

hingiv
le miel

mireba
la confiture

xameya nougat
la crème nougat

kurrî
le curry

cotgeh
la ferme

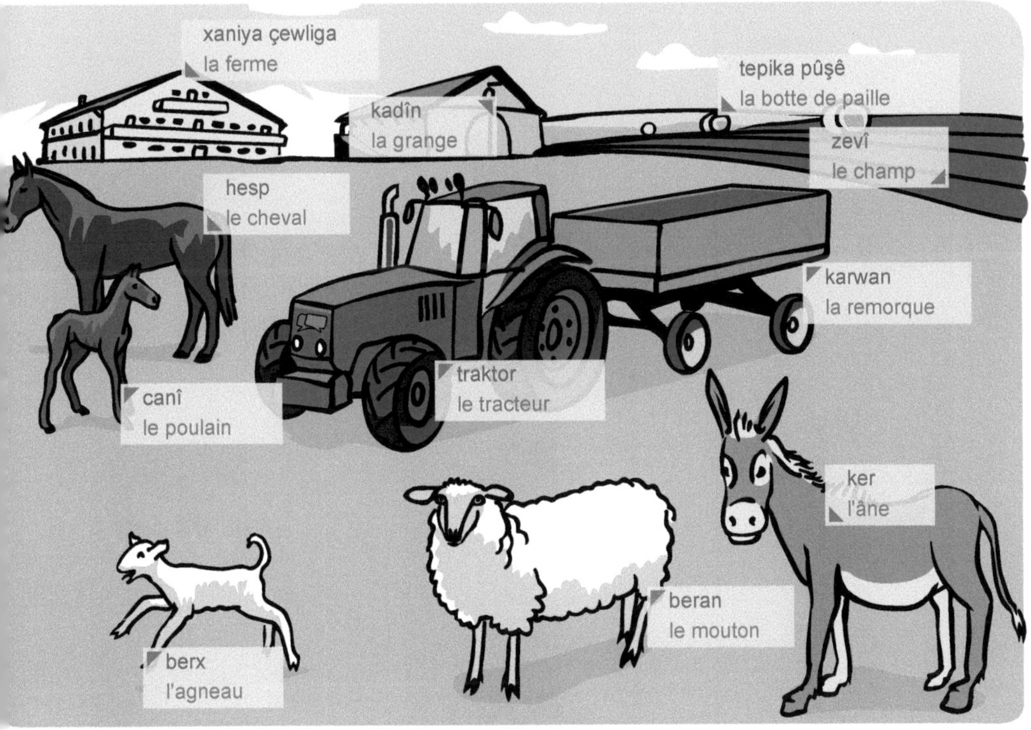
xaniya çewliga
la ferme
kadîn
la grange
tepika pûşê
la botte de paille
zevî
le champ
hesp
le cheval
karwan
la remorque
traktor
le tracteur
canî
le poulain
ker
l'âne
beran
le mouton
berx
l'agneau

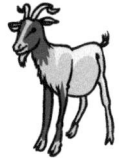

bizin

la chèvre

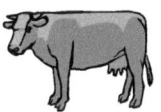

çêlek

la vache

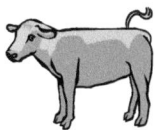

golik

le veau

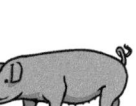

beraz

le porc

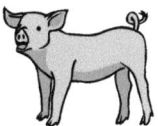

xinzîrk

le porcelet

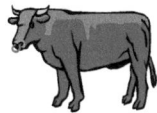

boxe

le taureau

qaz

l'oie

miravî

le canard

cûçik

le poussin

mirîşk

la poule

keleşêr

le coq

circ

le rat

kitik

le chat

mişk

la souris

ga

le bœuf

kûçik

le chien

xaniya kûçikê

le chenil

xanî baxê

le tuyau de jardin

qûtîka avdanê

l'arrosoir

şalûk

la faucheuse

gasin

la charrue

das
la faucille

merbêr
la pioche

darsapik
la fourche

bivir
la hache

destgere
la brouette

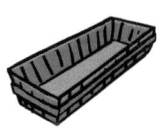

qûtî xwarina candaran
la cuve

qûtî şîr
le pot à lait

tûr
le sac

çeper
la clôture

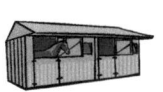

axur
l'étable

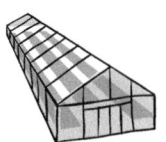

xana kulîlkan
le serre

ax
le sol

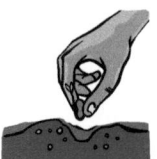

dendik
les semences

peyn
l'engrais

kombayn
la moissonneuse-batteuse

zad

récolter

zad

la récolte

petete

l'igname

genim

le blé

fasolî

le soja

petete

la pomme de terre

dexl

le maïs

dindik

le colza

darê fêkî

l'arbre fruitier

sêvê bin erdê

le manioc

zad

les céréales

xanî
la maison

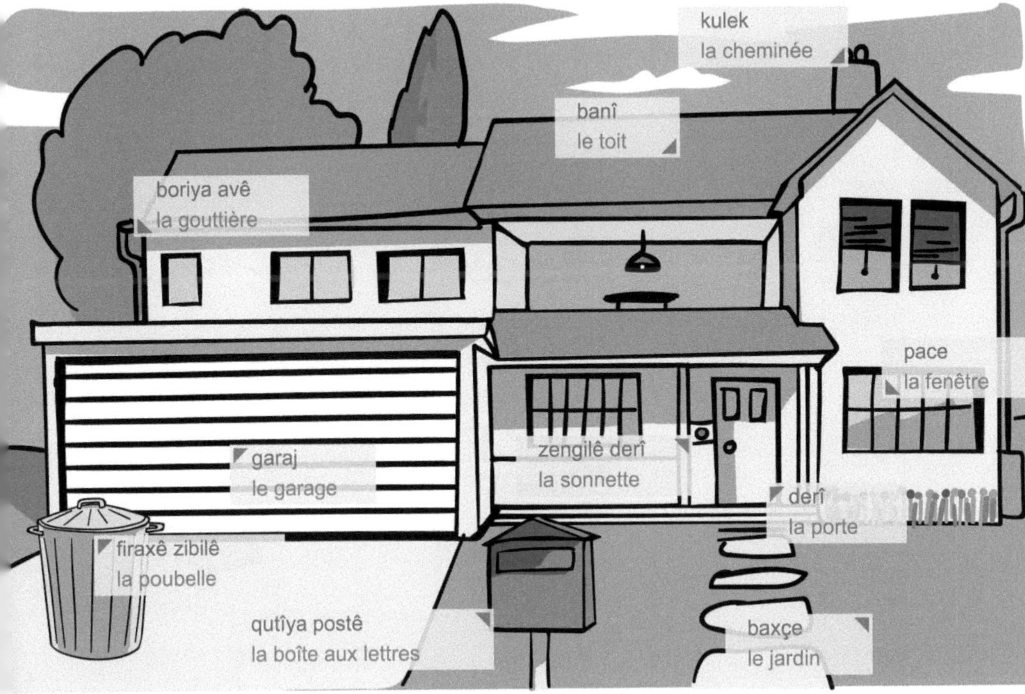
kulek
la cheminée
banî
le toit
boriya avê
la gouttière
pace
la fenêtre
zengilê derî
la sonnette
garaj
le garage
derî
la porte
firaxê zibilê
la poubelle
qutîya postê
la boîte aux lettres
baxçe
le jardin

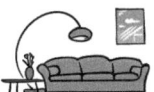

oda rûniştinê

le salon

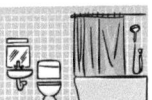

hemam

la salle de bain

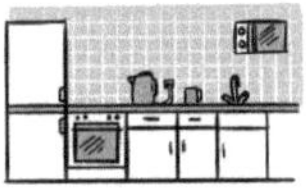

metbex

la cuisine

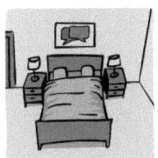

oda xewê

la chambre à coucher

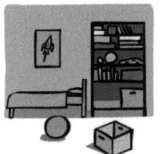

odeya zarok

la chambre d'enfant

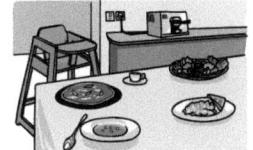

oda şîvê

la salle à manger

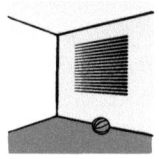

binî
le sol

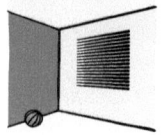

dîwar
le mur

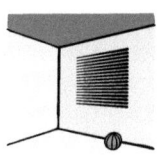

berban
le plafond

xenzik
la cave

sauna
le sauna

balkon
le balcon

berdanik
la terrasse

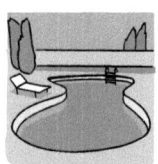

hewza melevanî
la piscine

çîmen birr
la tondeuse à gazon

melhefe
la housse

betanî
la couette

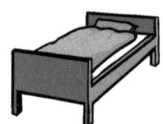

nivîn
le lit

gezik
le balai

satil
le sceau

kilîl
l'interrupteur

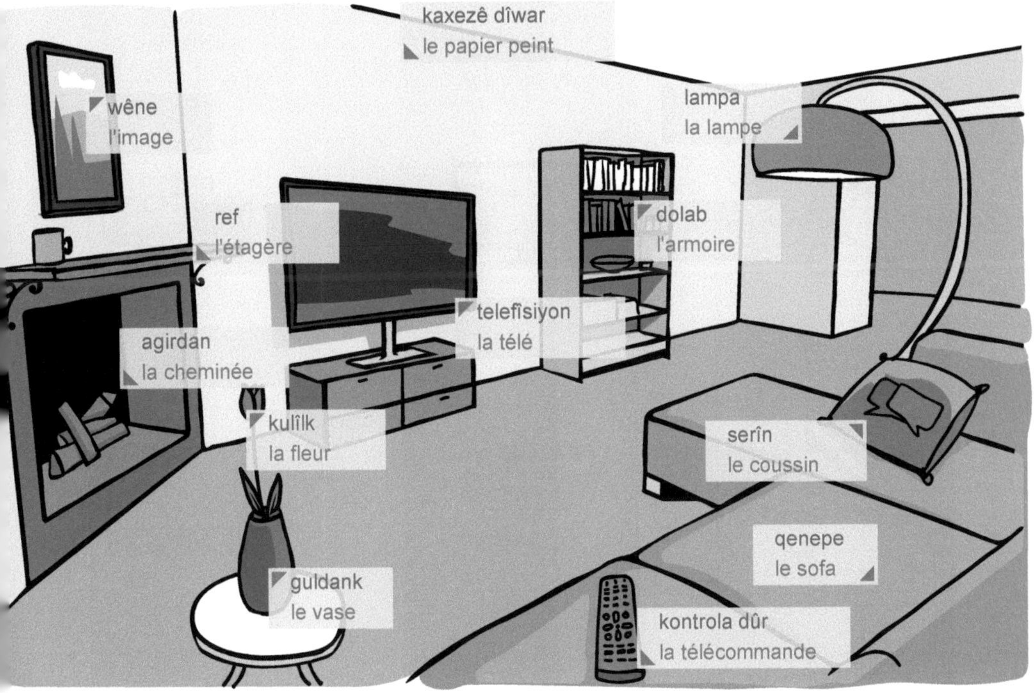

kaxezê dîwar
le papier peint

wêne
l'image

lampa
la lampe

ref
l'étagère

dolab
l'armoire

telefîsiyon
la télé

agirdan
la cheminée

kulîlk
la fleur

serîn
le coussin

qenepe
le sofa

guldank
le vase

kontrola dûr
la télécommande

xalîçe
....
le tapis

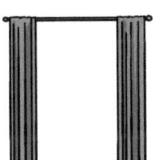

perde
....
le rideau

mêz
....
la table

kursî
....
la chaise

kursiya hejanok
....
la chaise à bascule

kursî
....
le fauteuil

pirtûk

le livre

betanî

la couverture

xemilandin

la décoration

êzing

le bois de chauffage

fîlm

le film

hi-fi

la chaîne hi-fi

kilîl

la clé

rojname

le journal

nîgar

la peinture

poster

le poster

radyo

la radio

defter

le bloc-notes

sivnika elektrîkî

l'aspirateur

kaktûs

le cactus

mom

la bougie

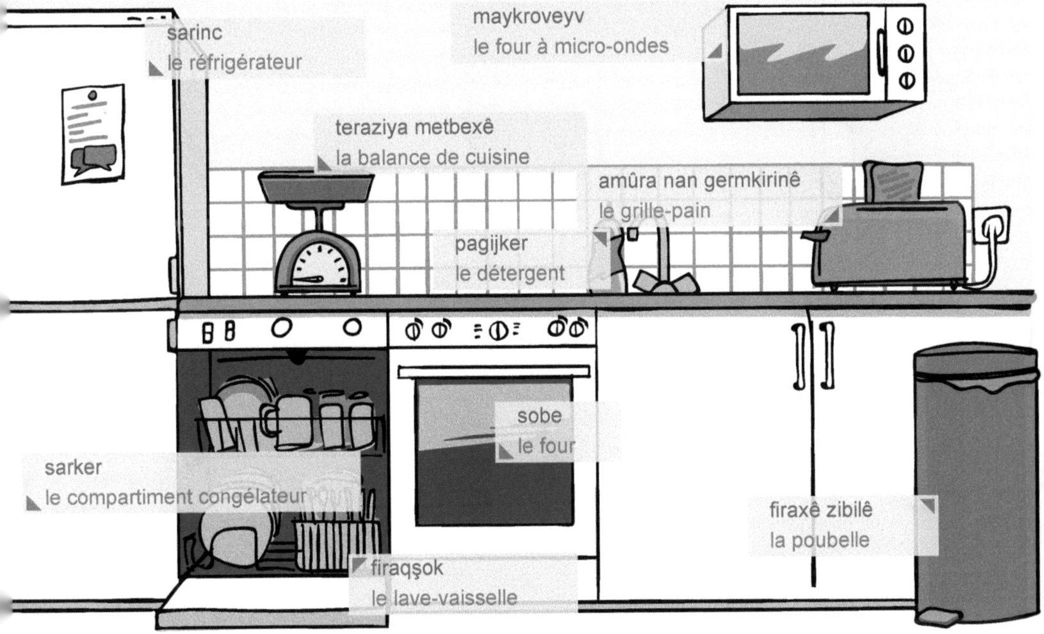

sarinc
le réfrigérateur

maykroveyv
le four à micro-ondes

teraziya metbexê
la balance de cuisine

amûra nan germkirinê
le grille-pain

pagijker
le détergent

sobe
le four

sarker
le compartiment congélateur

firaxê zibilê
la poubelle

firaqşok
le lave-vaisselle

sobe
......
le four

aman
......
la casserole

amaê ûtû
......
la marmite

firaqê mezin
......
le wok / kadai

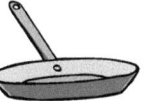

dîzik
......
la poêle

kelînk
......
la bouilloire electrique

firaqê hilmê

le cuiseur vapeur

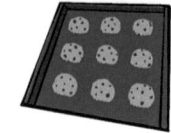

sênî nanê

la plaque de cuisson

firaq

la vaisselle

piyale

le gobelet

kasik

la coupe

darê nanxwarin

les baguettes

hesk

la louche

kevçiya mezin

la spatule

rînek

le fouet

kefgîr

la passoire

bêjing

le tamis

rêşker

la râpe

destar

le mortier

biraştin

le barbecue

agirê vala

la cheminée

texteya birrînê

la planche à découper

darikê tîrê

le rouleau à pâtisserie

devik badek

le tire-bouchon

qûtî

la boîte

qûtîvekir

l'ouvre-boîte

cawê amanan

les maniques

destşo

le lavabo

firçe

la brosse

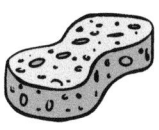

parazoa

l'éponge

tevdêr

le mixeur

sarkerê cemedî

le congélateur

şûşe bebikan

le biberon

henefî

le robinet

hemam

la salle de bain

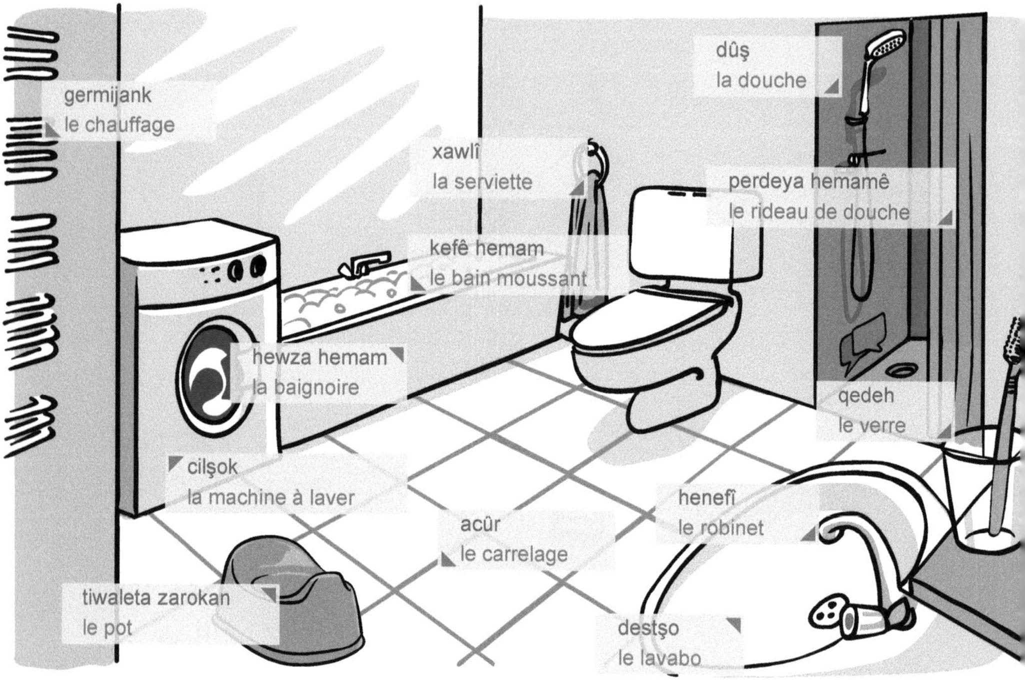
germijank
le chauffage
xawlî
la serviette
dûş
la douche
perdeya hemamê
le rideau de douche
kefê hemam
le bain moussant
hewza hemam
la baignoire
qedeh
le verre
cilşok
la machine à laver
henefî
le robinet
acûr
le carrelage
tiwaleta zarokan
le pot
destşo
le lavabo

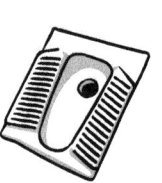

tiwalet

les toilettes

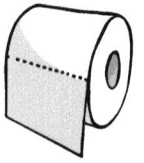

tiwaleta erdê

la toilette à la turque

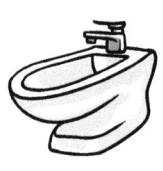

tiwalet

le bidet

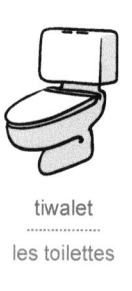

avdestxana mêran

l'urinoir

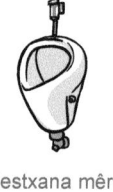

kaxeza tiwalet

le papier toilette

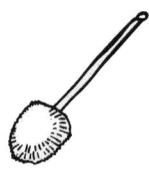

firşeya tiwalet

la brosse à toilette

firçeya diran

la brosse à dents

mecûna diran

le dentifrice

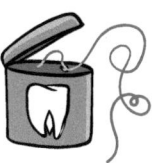

nexa didan

le fil dentaire

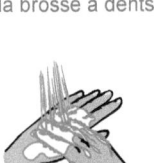

şûştin

laver

dûşê destê

la douche manuelle

dûş

la douche intime

destşo

la vasque

firça pişt

la brosse dorsale

sabûn

le savon

célê hemam

le gel douche

şampo

le shampooing

fanîle

le gant de toilette

zêrab

l'écoulement

kirêm

la crème

bêhn xweşkir

le déodorant

mirêk

le miroir

mirêka destê

le miroir cosmétique

gûzan

le rasoir

kefê teraşînê

la mousse à raser

mecûna piştî teraşînê

l'après-rasage

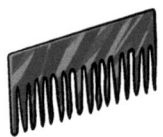

şeh

la peigne

firçe

la brosse

por hîşikkir

le sèche-cheveux

sipraya porê

la laque pour cheveux

kozmetîk

le fond de teint

soravk

le rouge à lèvres

rengê nînok

le vernis à ongles

pembû

l'ouate

meqesta nînok

le coupe-ongles

parfûm

le parfum

çewalê hemamê

la trousse de toilette

kursiya bêpişt

le tabouret

terazî

le pèse-personne

kinca hemamê

le peignoir

lepika lastîkê

les gants de nettoyage

tampon

le tampon

xawliya paqijkirinê

les serviettes hygiéniques

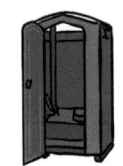

tiwaleta kîmîyewî

la toilette chimique

odeya zarok
la chambre d'enfant

demjimêrk
le réveil
lîstok
le doudou
maşîna lîstok
la voiture jouet
xişxişok
le hochet
mala lîstok
la maison de poupée
xelat
le cadeau

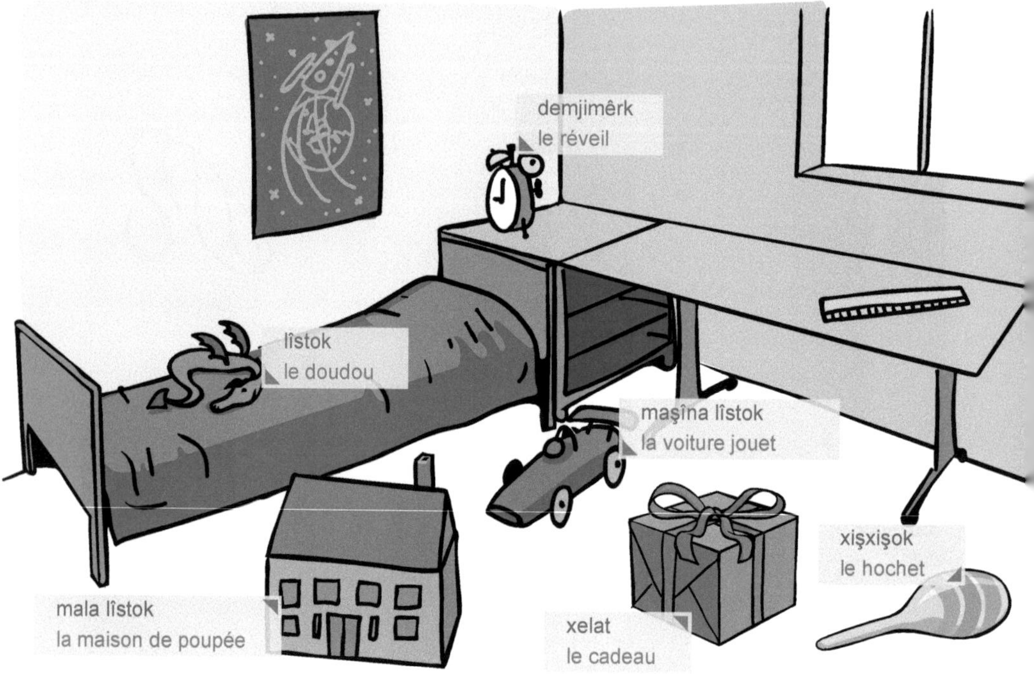

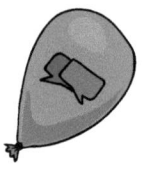

pifdank
le ballon

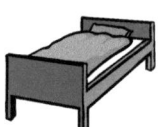

nivîn
le lit

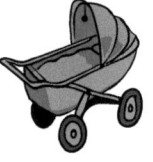

koçk
la poussette

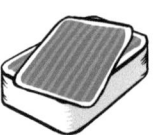

lîstika kartê
le jeu de cartes

frîzbî
le puzzle

SUPER MEGA

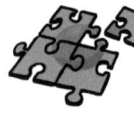

komîk
la bande dessinée

acûra lêgo

les pièces lego

acûra lîstok

les blocs de construction

bûke şûşe

la figurine

kinca bebikan

la grenouillère

frizbee

le frisbee

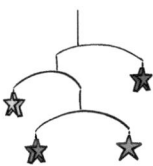

veguhestin

le mobile

lîstikên texte

le jeu de société

mor

le dé

modêla trênê

le train miniature

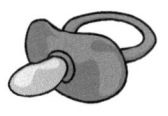

memik

la sucette

cejn

la fête

kitêba wêne

le livre d'images

top

la balle

bûke şûşe

la poupée

leyîstin

jouer

kuna xîzê

le bac à sable

colane

la balançoire

lîstokan

les jouets

lîstika vîdeoyî

la console de jeu

sêçerxe

le tricycle

hirça lîstok

l'ours en peluche

cildank

l'armoire

kinc

les vêtements

gore

les chaussettes

gore

les bas

derpêgorê

le collant

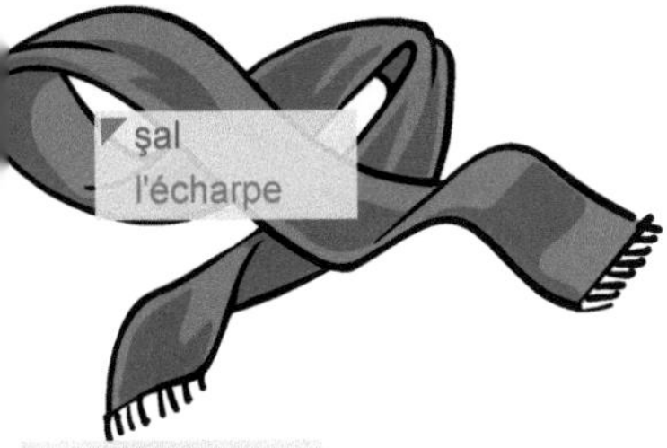

şal
l'écharpe

çetir
le parapluie

qayiş
la ceinture

kiras
le t-shirt

pêlav
les baskets

şekal
les bottes

pêlavê nav malê
les pantoufles

solik
les sandales

sol
les chaussures

potîna çermê
les bottes de caoutchouc

pantolê jêr
les sous-vêtements

pêsîrbend
le soutien-gorge

çekbend
le maillot de corps

cendek

le body

pantol

le pantalon

jeans

le jean

daman

la jupe

kiras

le chemisier

kiras

la chemise

fanêle

le pull

fanêle

le sweat à capuche

cakêt

la veste

sako

la veste

çaket

le manteau

baranî

l'imperméable

lebas

le costume

fîstan

la robe

cilê dawetê

la robe de mariée

kostum
le costume

pêcame
la chemise de nuit

pêcame
le pyjama

saree
le sari

leçik
le foulard

mêzer
le turban

hêram
la burqa

kaftan
le caftan

eba
l'abaya

kinca ajnêkirin
le maillot de bain

cilka melevanî
le maillot de bain

şort
le short

cila hêvojkarî
la tenue d'entraînement

pêşmal
le tablier

lepik
les gants

dûgme

le bouton

berçavik

les lunettes

bazin

le bracelet

gerdenî

le collier

gustîl

la bague

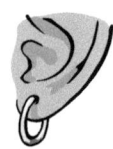

guhark

la boucle d'oreille

devik

le bonnet

hilavistek

le cintre

kûm

le chapeau

kirawat

la cravate

zîp

la fermeture éclair

serparêz

le casque

derzî

les bretelles

kinca dibistanê

l'uniforme scolaire

yûnîform

l'uniforme

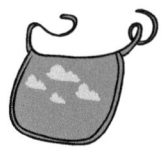

berdilk

le bavoir

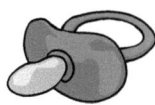

memik

la sucette

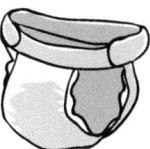

pundax

la lange

ofîs

le bureau

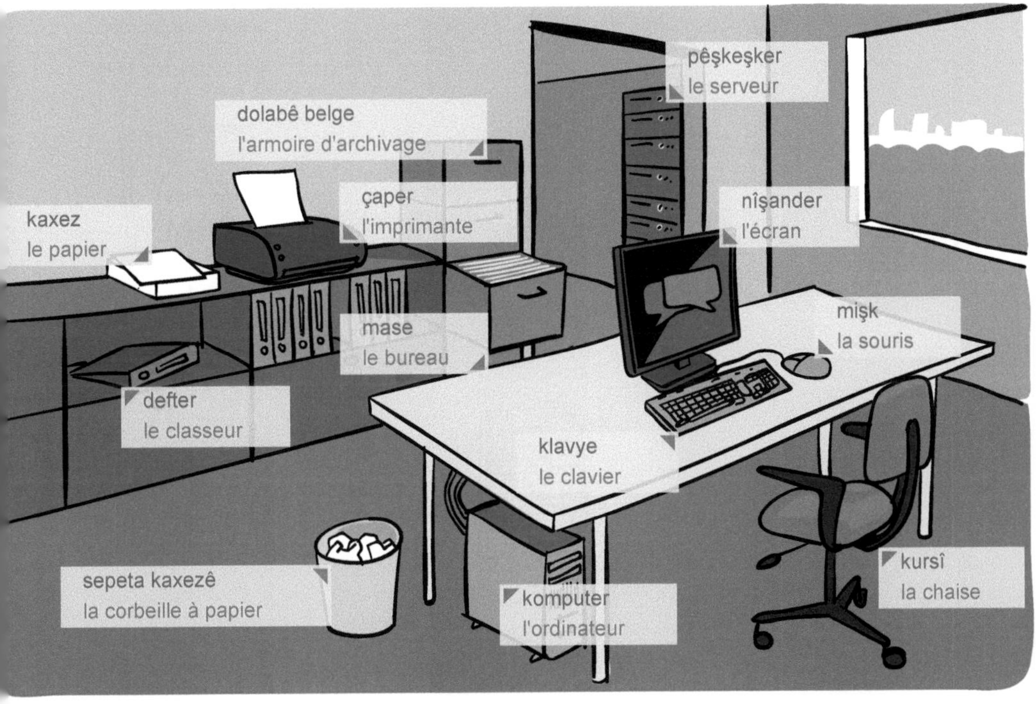

pêşkeşker
le serveur
dolabê belge
l'armoire d'archivage
çaper
l'imprimante
kaxez
le papier
nîşander
l'écran
mişk
la souris
mase
le bureau
defter
le classeur
klavye
le clavier
sepeta kaxezê
la corbeille à papier
komputer
l'ordinateur
kursî
la chaise

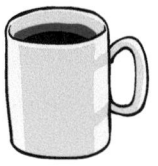

kasika qehwe

la tasse de café

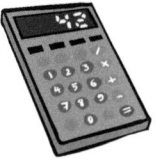

hesabker

la calculatrice

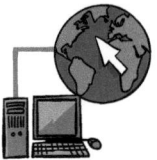

înternet

l'internet

komputera laptop

l'ordinateur portable

name

la lettre

peyam

le message

telefona mobîl

le portable

tor

le réseau

mekîna fotokopî

la photocopieuse

software

le logiciel

telefon

le téléphone

socketa fîşek

la prise

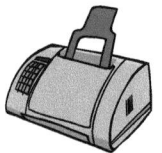

mekîna faxê

le fax

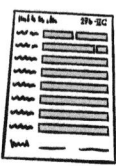

form

le formulaire

belge

le document

standin

acheter

pere dan

payer

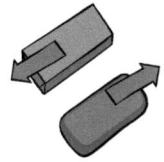

bazirganî

faire du commerce

pere

la monnaie

dollar

le dollar

yoro

l'euro

yenê Japonê

le yen

roblê Rûsî

le rouble

firankê Swîsê

le franc suisse

yuanê Çînê

le renminbi yuan

rûpee Hindî

la roupie

mekîna jixwebera dirav

le distributeur automatique

ofîsa pere veguhartinê

le bureau de change

zêrr

l'or

zîv

l'argent

neft

le pétrole

wize

l'énergie

biha

le prix

peyman

le contrat

tax

la taxe

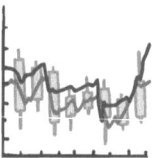

seham

l'action

karkirin

travailler

karker

l'employé

karda

l'employeur

fabrîka

l'usine

dikan

le magasin

profesyon
les professions

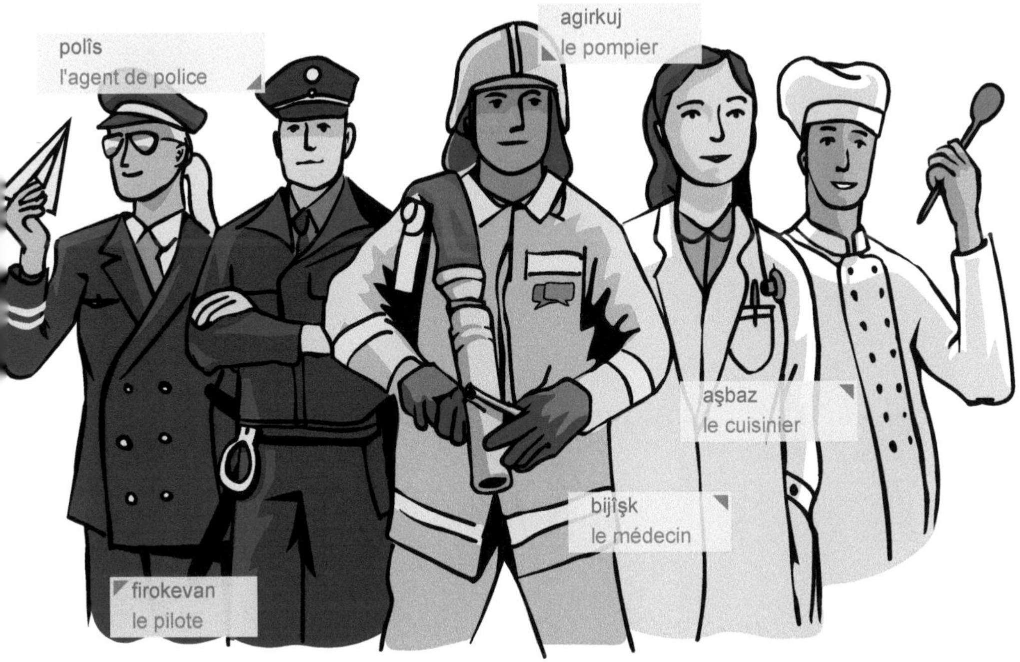
polîs
l'agent de police
agirkuj
le pompier
aşbaz
le cuisinier
bijîşk
le médecin
firokevan
le pilote

baxçevan

le jardinier

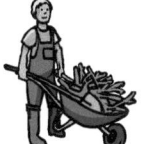

necar

le menuisier

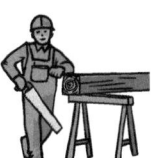

dirûnvan

la couturière

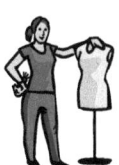

hakim

le juge

şîmyazan

le chimiste

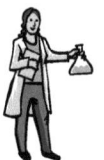

şanoger

l'acteur

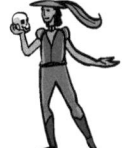

şufêrê basê

le conducteur de bus

şufêrekî taksiyê

le chauffeur de taxi

masîvan

le pêcheur

pagijker

la femme de ménage

çêkirê banî

le couvreur

berkar

le serveur

nêçirvan

le chasseur

rengrês

le peintre

nanpêj

le boulanger

karebavan

l'électricien

avaker

l'ouvrier

endezyar

l'ingénieur

qesab

le boucher

lûlekar

le plombier

postevan

le facteur

profesyon - les professions

esker

le soldat

mîmar

l'architecte

diravgir

le caissier

firotkara çîçekan

le fleuriste

porçêker

le coiffeur

ajovan

le contrôleur

mekanîk

le mécanicien

keştîvan

le capitaine

pizîşka didanan

le dentiste

zanistyar

le scientifique

rûhan

le rabbin

îmam

l'imam

keşe

le moine

keşîş

le prêtre

amûran

les outils

çekûç
le marteau
mûçîng
les pinces
cerbader
le tournevis
aÇer
la clé
dara çira
la torche

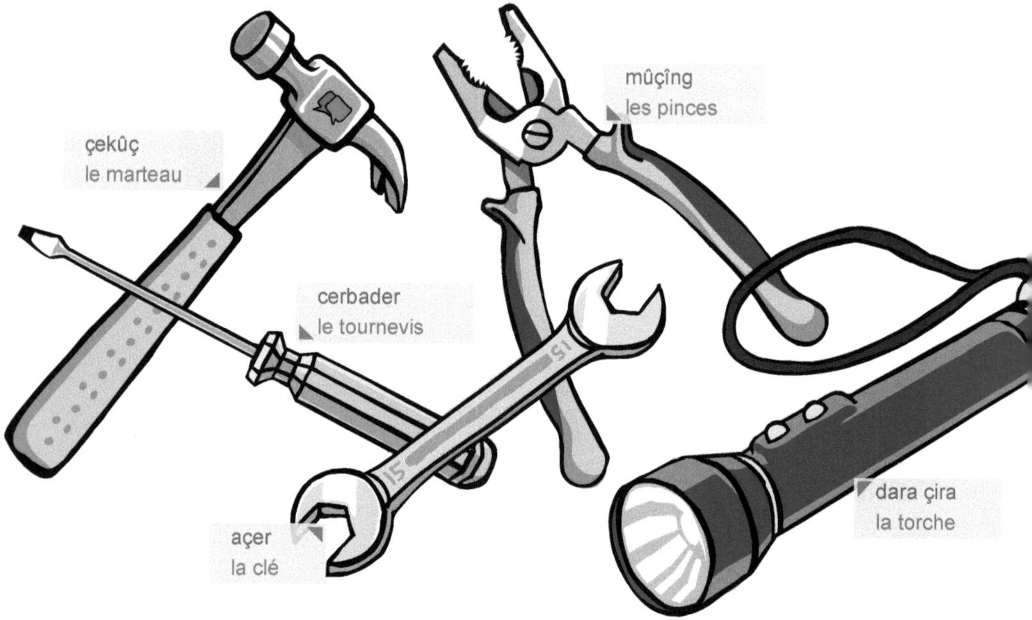

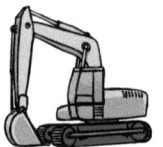

şofel

la pelleteuse

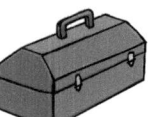

qûtiya amûran

la boîte à outils

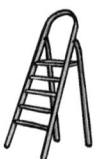

peyje

l'échelle

mişar

la scie

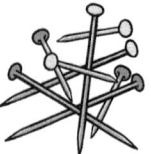

mîx

les clous

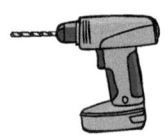

qulkirin

la perceuse

çêkirin

réparer

merbêr

la pelle

nalet!

Mince !

bêl

la pelle

qûtiya rengê

le pot de peinture

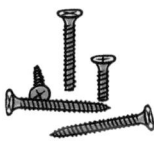

cerr

les vis

amûrên mûzîkê

les instruments de musique

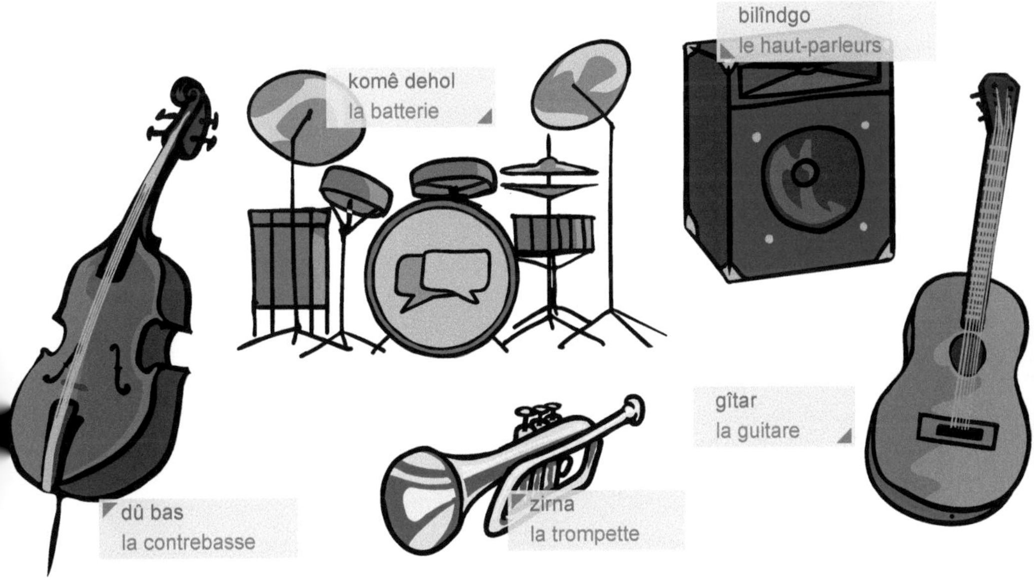

komê dehol
la batterie

bilîndgo
le haut-parleurs

gîtar
la guitare

dû bas
la contrebasse

zirna
la trompette

piyano

le piano

viyolîn

le violon

bas

la basse

dehol

les timbales

dahol

le tambour

keyboard

le piano électrique

saksofon

le saxophone

bilûr

la flûte

mîkrofon

le microphone

baxça heywanan

le zoo

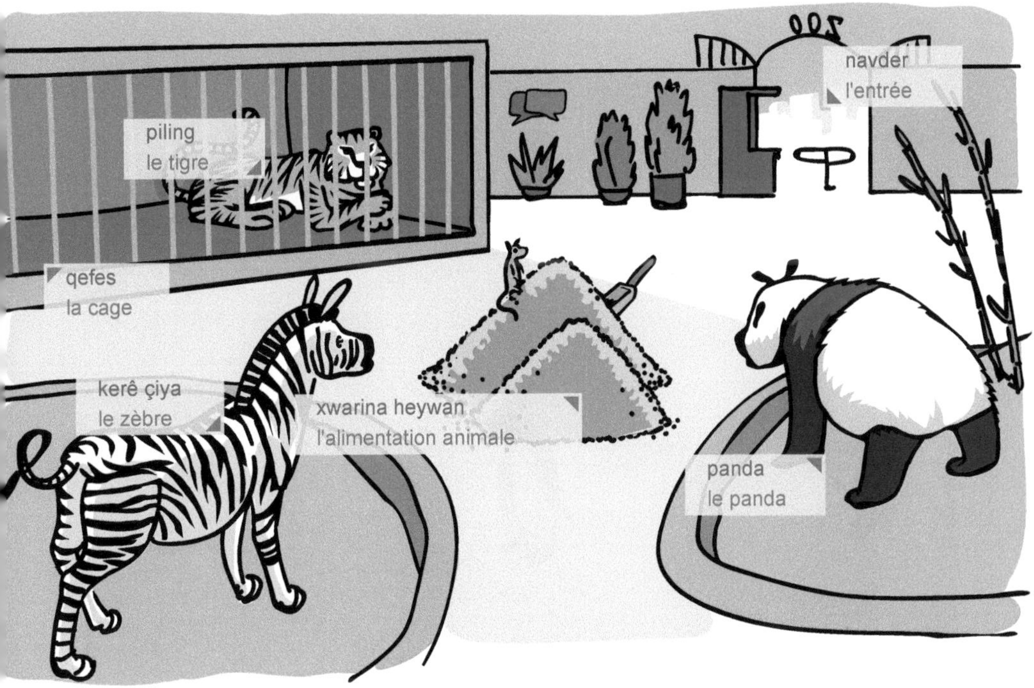
navder
l'entrée
piling
le tigre
qefes
la cage
kerê çiya
le zèbre
xwarina heywan
l'alimentation animale
panda
le panda

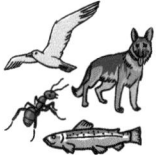

heywan

les animaux

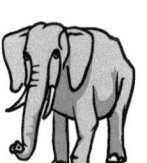

fîl

l'éléphant

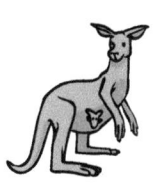

kangarû

le kangourou

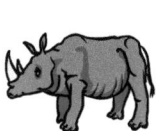

kerkeden

le rhinocéros

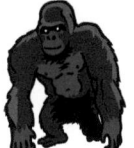

gorîl

le gorille

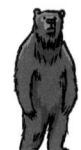

hirç

l'ours

hêştir

le chameau

hêştirme

l'autruche

şêr

le lion

meymûn

le singe

flamîngo

le flamand rose

papaxan

le perroquet

hirça cemserî

l'ours polaire

penguîn

le pingouin

semasî

le requin

tawûs

le paon

mar

le serpent

timsah

le crocodile

parêzera baxça ajalan

le gardien de zoo

seya derya

le phoque

piling

le jaguar

hesp

le poney

piling

le léopard

hespê rûbar

l'hippopotame

canhêştir

la girafe

helo

l'aigle

berazê kovî

le sanglier

masî

le poisson

kûsî

la tortue

walras

le morse

rovî

le renard

xezal

la gazelle

fûtbolê Amerîka
l'american Football

bisiklêtan
le cyclisme

tenîs
le tennis

baskêtbol
le basket-ball

avjenîkirin
la natation

boxing
la boxe

hokeya ser cemedê
le hockey sur glace

fûtbol
le football

badminton
le badminton

yê atletîzmê
l'athlétisme

hendbol
le handball

befirajotin
le ski

polo
le polo

çalakiyan
les activités

kenîn
rire
hilpeke
sauter
hembêz
embrasser
birêveçûn
marcher
lawje gutin
chanter
xewn dîtin
rêver
nimêj kirin
prier
maçkirin
faire la bise

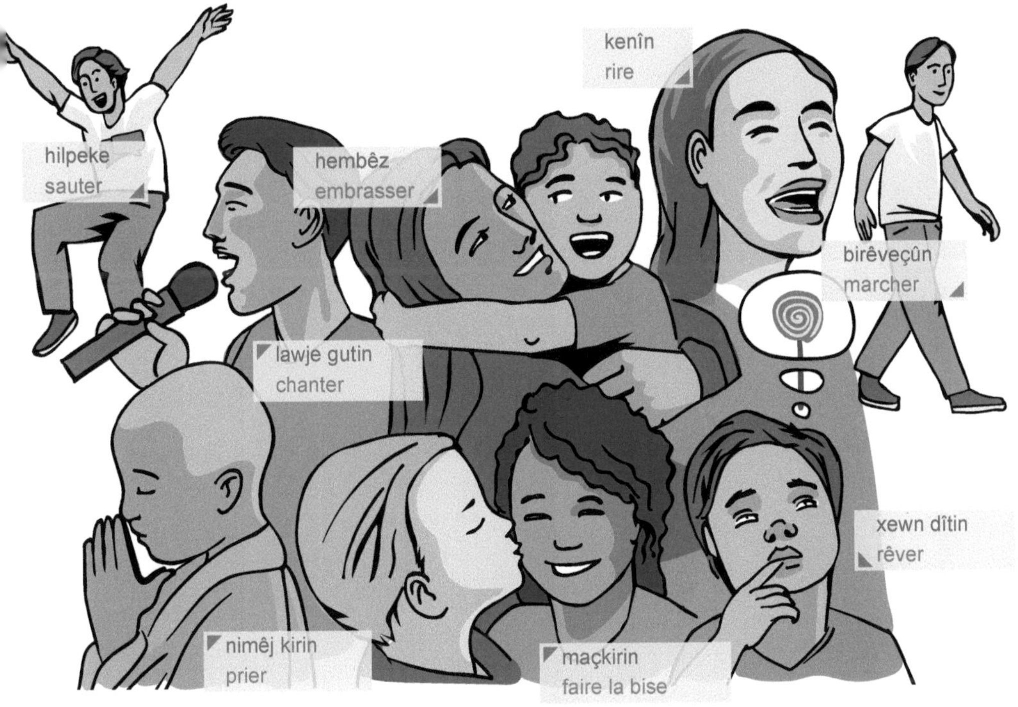

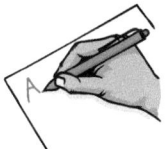

nivîsandin

écrire

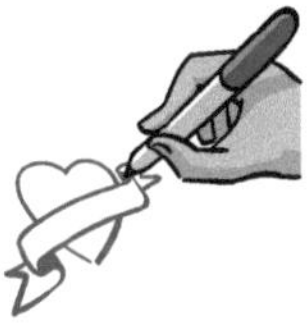

nîgar kêşan

dessiner

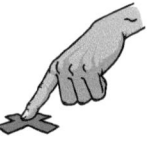

nîşan dan

montrer

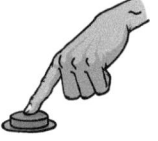

paldan

pousser

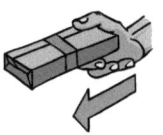

dayîn

donner

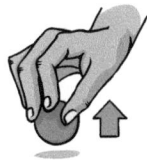

rakirin

prendre

heyîn

avoir

kirin

faire

bûn

être

sekinîn

être debout

bazdan

courir

kişandin

trier

avêtin

jeter

ketin

tomber

derew kirin

être couché

sekinîn

attendre

guhêztin

porter

rûniştin

être assis

cil berkirin

s'habiller

razan

dormir

rabûn

se réveiller

mêze kirin

regarder

girîn

pleurer

celte

caresser

şe kirin

peigner

peyvîn

parler

famkirin

comprendre

pirskirin

demander

bihîstin

écouter

vexwarin

boire

xwarin

manger

kom kirin

ranger

hezkirin

aimer

xwarin çêkirin

cuire

ajotin

conduire

firrîn

voler

çalakiyan - les activités

65

kesştîvanî

faire de la voile

hesibandin

calculer

xwandin

lire

hînbûn

apprendre

karkirin

travailler

zewicîn

se marier

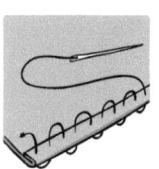

dirûtin

coudre

didan şûtin

brosser les dents

kuştin

tuer

dûxan

fumer

şandin

envoyer

malbat

la famille

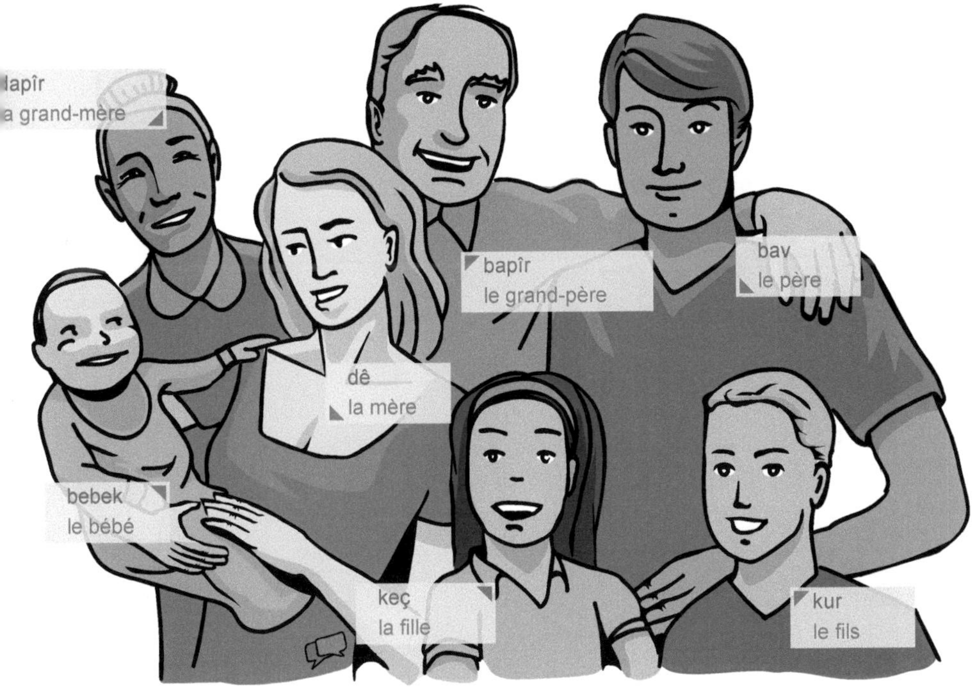
apîr
a grand-mère
bapîr
le grand-père
bav
le père
dê
la mère
bebek
le bébé
keç
la fille
kur
le fils

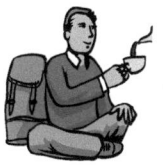

mêvan

l'hôte

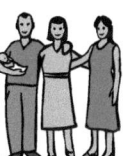

met

la tante

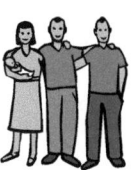

ap/xal

l'oncle

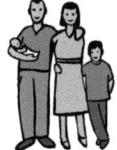

bira

le frère

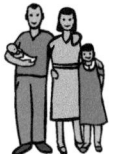

xwişl

la sœur

beden
le corps

enî
le front
çav
l'œil
mil
l'épaule
tilî
le doigt
rû
le visage
zenî
le menton
dest
la main
sîng
la poitrine
ling
la jambe
pîl
le bras

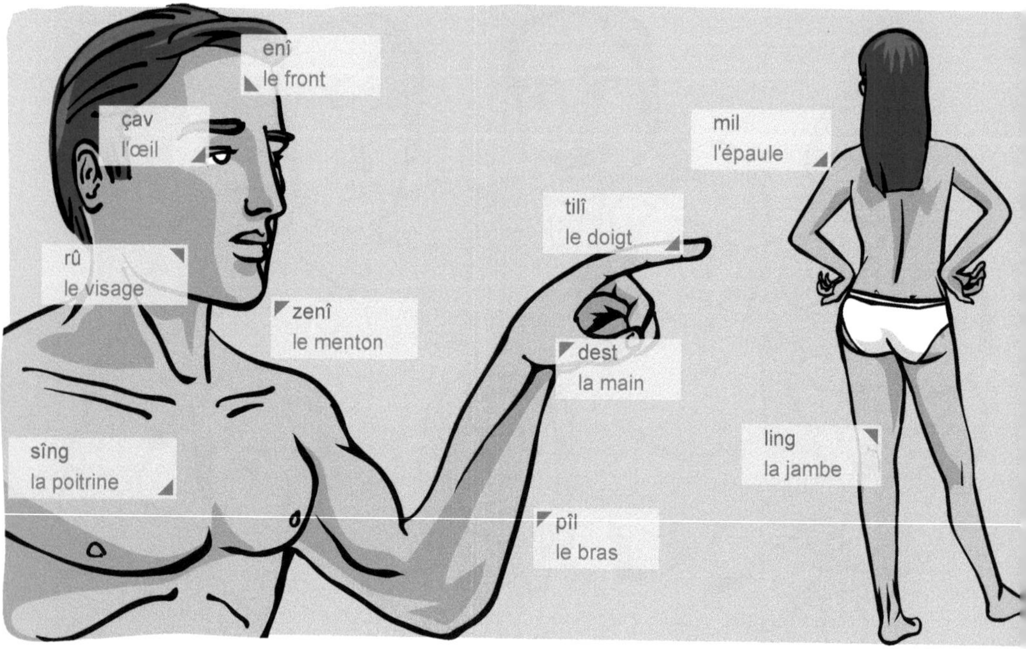

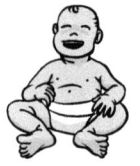

bebek

le bébé

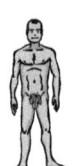

mêr

l'homme

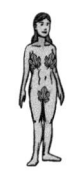

jin

la femme

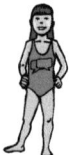

keç

la fille

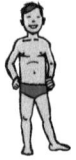

kor

le garçon

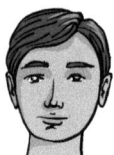

ser

la tête

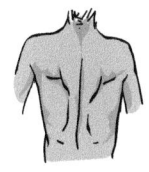

pişt

le dos

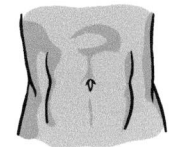

zik

le ventre

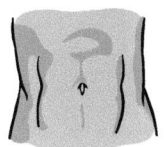

navik

le nombril

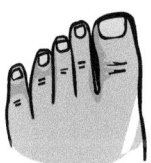

tilîya pê

l'orteil

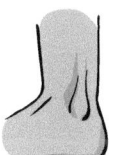

panî

le talon

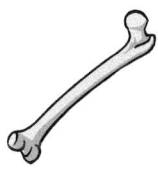

hestî

l'os

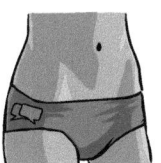

kûlîmek

la hanche

jûnî

le genou

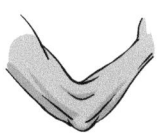

enîşk

le coude

difn

le nez

qûn

les fesses

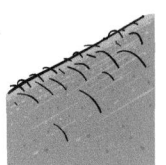

çerm

la peau

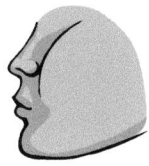

rû

la joue

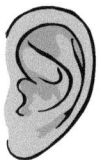

gûh

l'oreille

lêv

la lèvre

beden - le corps

dev
....
la bouche

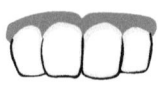

diran
....
la dent

ziman
....
la langue

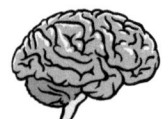

mêjî
....
le cerveau

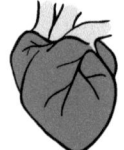

dil
....
le cœur

masûl
....
le muscle

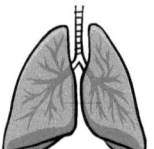

cîgera spî
....
les poumons

ceger
....
le foie

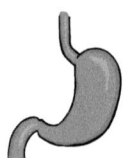

made
....
l'estomac

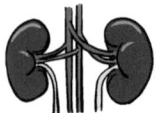

gûrçikan
....
les reins

cotbûn
....
le rapport sexuel

kondom
....
le préservatif

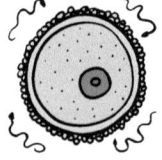

hêk
....
l'ovule

tov
....
le sperme

dûcanî
....
la grossesse

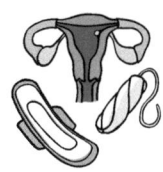

ade
....
la menstruation

qûz
....
le vagin

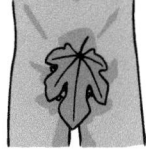

kîr
....
le pénis

birû
....
le sourcil

por
....
les cheveux

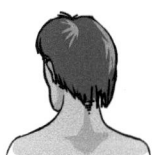

hûstû
....
le cou

nexweşxane
l'hôpital

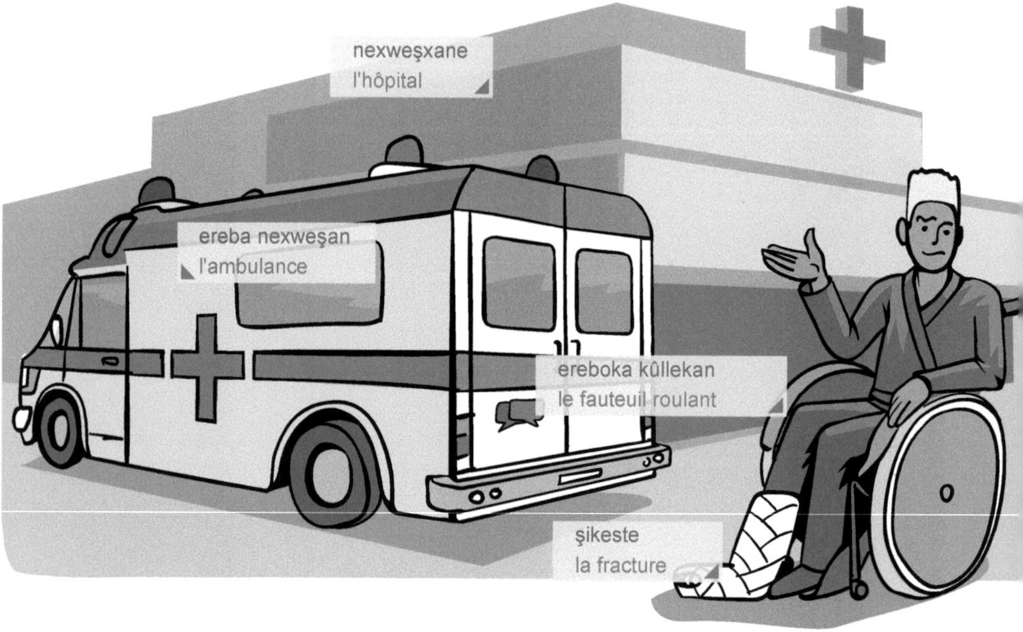

nexweşxane
l'hôpital
ereba nexweşan
l'ambulance
ereboka kûllekan
le fauteuil roulant
şikeste
la fracture

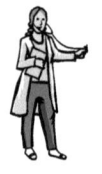

bijîşk

le médecin

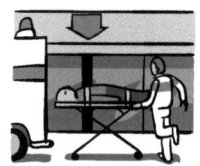

oda lezgînê

le service des urgences

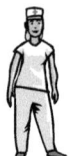

nexweşyar

l'infirmière

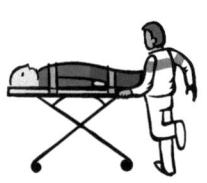

acîlîyet

l'urgence

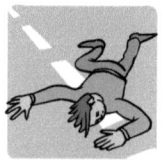

bêhay

inconscient

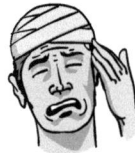

êş

la douleur

birîn

la blessure

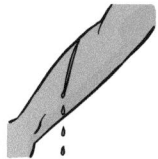

xwînpijan

l'hémorragie

hêrişa dilî

la crise cardiaque

celte

l'attaque cérébrale

alerjî

l'allergie

kuxik

la toux

ta

la fièvre

zikam

la grippe

navçûyin

la diarrhée

serêş

le mal de tête

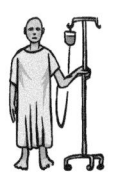

qansêr

le cancer

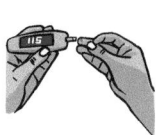

nexweşiya şekirê

le diabète

emelîkar

le chirurgien

skalpêl

le scalpel

emelî

l'opération

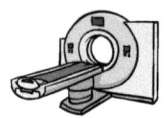

CT

le CT

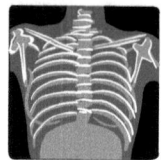

sûretê rontgên

la radiographie

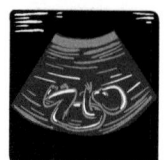

ûltrasawnd

l'échographie

maskê rûyê

le masque

nexweşî

la maladie

oda sekinînê

la salle d'attente

goçan

la béquille

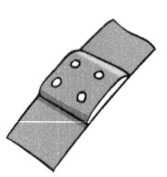

şêl

le pansement

paçê birînpêçanê

le pansement

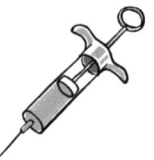

derzî

l'injection

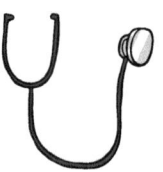

bîstoka pizîşkî

le stéthoscope

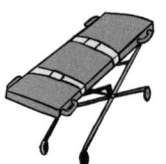

darbest

le brancard

têhnpîva klînîkê

le thermomètre

zayîn

l'accouchement

qelew

la surcharge pondérale

alîkariya bihîstinê

l'appareil auditif

bakterîkuj

le désinfectant

kotîbûn

l'infection

vîrûs

le virus

HIV / AIDS

le VIH / le sida

derman

le médicament

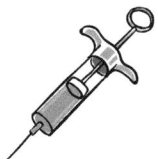

kutan

la vaccination

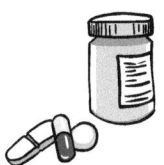

heban

les comprimés

heb

la pilule

lezgîn

l'appel d'urgence

dîmenderê pesto xwîn

le tensiomètre

nexweş / sax

malade / sain

Hewar!

Au secours !

alarm

l'alarme

êrîş

l'assaut

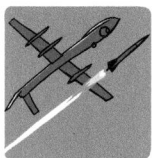

êrîşkirin

l'attaque

talûk

le danger

derketina acil

la sortie de secours

agir!

Au feu!

agir vemirandinê

l'extincteur

qeza

l'accident

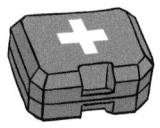

aletên alîkariya yekem

la trousse de premier
secours

SOS

SOS

polîs

la police

Ewropa

l'Europe

Amerîkaya Bakûr

l'Amérique du Nord

Amerîkaya Başûr

l'Amérique du Sud

Afrîka

l'Afrique

Asya

l'Asie

Awustralya

l'Australie

Atlantîk

l'Océan atlantique

Okyanûsa Mezin

l'Océan pacifique

Okyanûsa Hindî

l'Océan indien

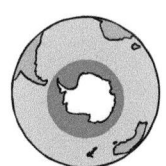

Okyanûsa Antarktîka

l'Océan antarctique

Okyanûsa Arktîk

l'Océan arctique

Cemsera Bakûr

le Pôle nord

Cemsera Başûr

le Pôle sud

Antarktîka

l'Antarctique

erd

la terre

ax

le pays

behir

la mer

dûrge

l'île

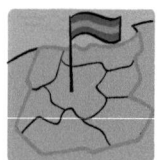

milllet

la nation

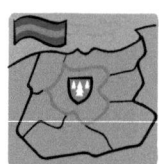

welat

l'état

rûyê saet

le cadran

nişanderka demjimêr

l'aiguille des heures

nişanderka deqe

l'aiguille des minutes

nişanderka saniye

l'aiguille des secondes

Seet çende?

Quelle heure est-il ?

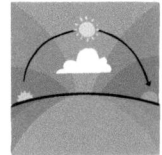

roj

le jour

dem

le temps

niha

maintenant

saetê dicîtal

la montre digitale

deqe

la minute

seet

l'heure

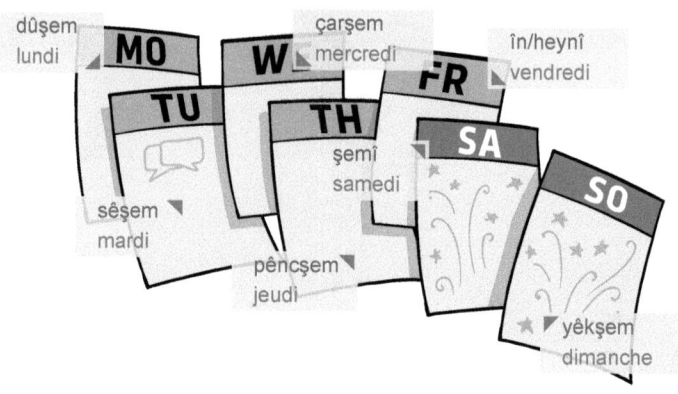

dûşem / lundi — MO
çarşem / mercredi — W
în/heynî / vendredi — FR
sêşem / mardi — TU
şemî / samedi — SA
pêncşem / jeudî — TH
yêkşem / dimanche — SO

duh

hier

îro

aujourd'hui

sibey

demain

sibe

le matin

nîvro

le midi

êvar

le soir

MO	TU	WE	TH	FR	SA	SU
1	2	3	4	5	6	7
8	9	10	11	12	13	14
15	16	17	18	19	20	21
22	23	24	25	26	27	28
29	30	31	1	2	3	4

rojên karê

les jours ouvrables

MO	TU	WE	TH	FR	SA	SU
1	2	3	4	5	6	7
8	9	10	11	12	13	14
15	16	17	18	19	20	21
22	23	24	25	26	27	28
29	30	31	1	2	3	4

dawiya hefte

le week-end

sal

l'année

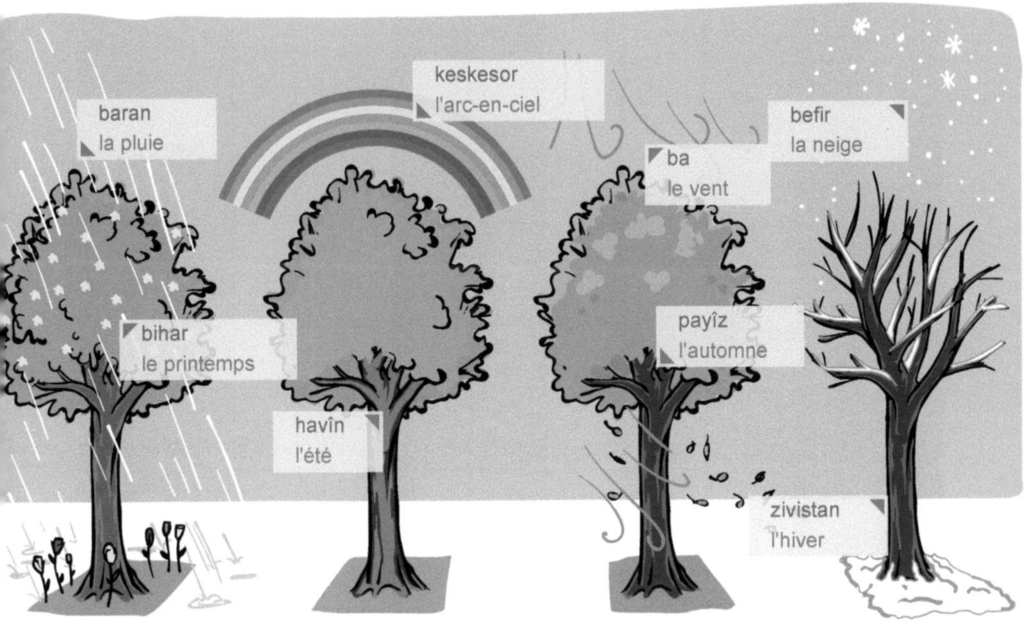

baran
la pluie
keskesor
l'arc-en-ciel
befir
la neige
ba
le vent
bihar
le printemps
payîz
l'automne
havîn
l'été
zivistan
l'hiver

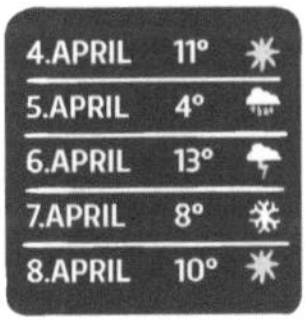

4.APRIL 11°
5.APRIL 4°
6.APRIL 13°
7.APRIL 8°
8.APRIL 10°

pêşbîniya hewa

la météo

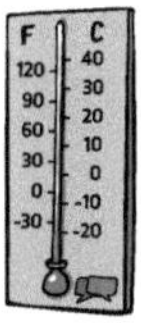

tehnpîv

le thermomètre

tav

la lumière du soleil

hewr

le nuage

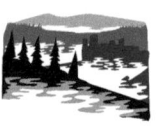

mij

le brouillard

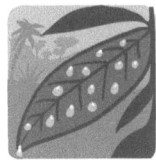

hêmî

l'humidité

birq

la foudre

brûsk

la tonnerre

tofan

la tempête

terg

la grêle

mansûn

la mousson

lehî

l'inondation

cemed

la glace

rêbendan

janvier

reşeme

février

newroz

mars

gulan

avril

cozerdan

mai

pûşper

juin

gelawêj

juillet

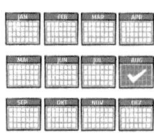

xermanan

août

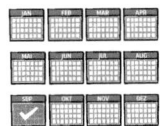

rezber
....
septembre

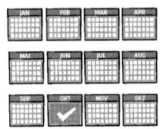

kewçêr
....
octobre

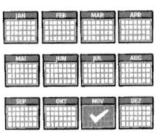

sermawez
....
novembre

befranbar
....
décembre

şêwe

les formes

çember
....
le cercle

çarçik
....
le carré

çarqozî
....
le rectangle

sêqozî
....
le triangle

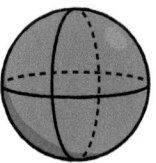

qada
....
la sphère

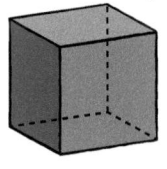

xiştek
....
le cube

sipî

blanc

zer

jaune

pirteqalî

orange

pembe

rose

sor

rouge

mor

violet

şîn

bleu

kesik

vert

qehweyî

marron

gewr

gris

reş

noir

zor / kêm

beaucoup / peu

bi hêrs / bêdeng

fâché / calme

bedew / nerind

joli / laid

destpêk / dawî

le début / la fin

mezin / biçûk

grand / petit

ronî / tarî

clair / obscure

brak / xwişk

frère / soeur

pagij / girêj

propre / sale

tevî / netemam

complet / incomplet

roj / şev

le jour / la nuit

mirî / zindî

mort / vivant

fire / teng

large / étroit

xweş / nexweş

comestible / incomestible

nebaş / baş

méchant / gentil

bi heyecan / aciz

excité / ennuyé

qelew / zirav

gros / mince

yekemîn / dawîn

le premier / le dernier

heval / dijmin

l'ami / l'ennemi

tijî / vala

plein / vide

req / nerm

dur / souple

giran / sivik

lourd / léger

birçî / tînî

faim / soif

nexweş / sax

malade / sain

neqanûnî / qanûnî

illégal / légal

rewşenbîr / balûle

intelligent / stupide

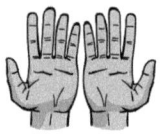

çep / rast

gauche / droite

nêzî / dûr

proche / loin

nû / bikarhatî

nouveau / usé

hîç / tiştek

rien / quelque chose

kal / ciwan

vieux / jeune

li / ji

marche / arrêt

vekirî / girtî

ouvert / fermé

aram / dengbilind

faible / fort

dewlemend / reben

riche / pauvre

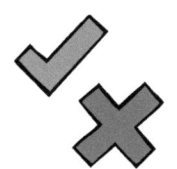

rast / şaş

correct / incorrect

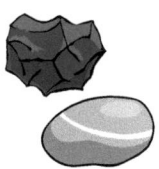

dirr / hilû

rugueux / lisse

xemgîn / şa

triste / heureux

kurt / dirêj

court / long

hêdî / zû

lent / rapide

şil / ziwa

mouillé / sec

germ / hênik

chaud / froid

şerr / aşitî

la guerre / la paix

0

sifir

zéro

1

yek

un / une

2

dû

deux

3

sê

trois

4

çar

quatre

5

pênc

cinq

6

şeş

six

7

heft

sept

8

heşt

huit

9

neh

neuf

10

deh

dix

11

yazde

onze

12

dazde
douze

13

sêzde
treize

14

çarde
quatorze

15

pazde
quinze

16

şazde
seize

17

hefde
dix-sept

18

hejde
dix-huit

19

nozdeh
dix-neuf

20

bîst
vingt

100

sed
cent

1.000

hezar
mille

1.000.000

milyon
le million

hejmaran - les nombres

Inglîzî

l'anglais

Inglîziya Amerîkî

l'anglais américain

Çînî Mandarîn

le chinois mandarin

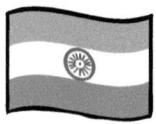

Hindî

le hindi

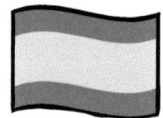

Îspanyolî

l'espagnol

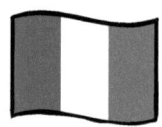

Frensî

le français

Erebî

l'arabe

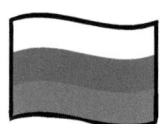

Rûsî

le russe

Portugalî

le portugais

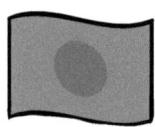

Bengalî

le bengali

Elmanî

l'allemand

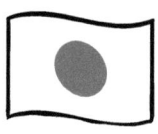

Japonî

le japonais

min

je

tu

tu

ew / ev / ew

il / elle / ce, c', cela

em

nous

tu

vous

ew

ils / elles

kî?

Qui ?

çi?

Quoi ?

çawa?

Comment ?

kû?

Où ?

kengî?

Quand ?

nav

le nom

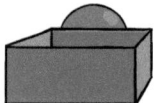

piştî
....
derrière

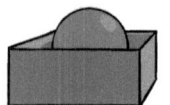

li
....
dans

pêşî
....
devant

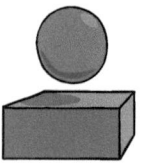

ser
....
au-dessus

ser
....
sur

bin
....
en-dessous

kêlek
....
à côté de

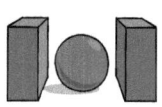

navber
....
entre

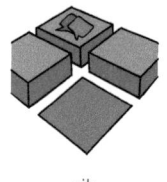

cih
....
le lieu